L'ACCIDENT

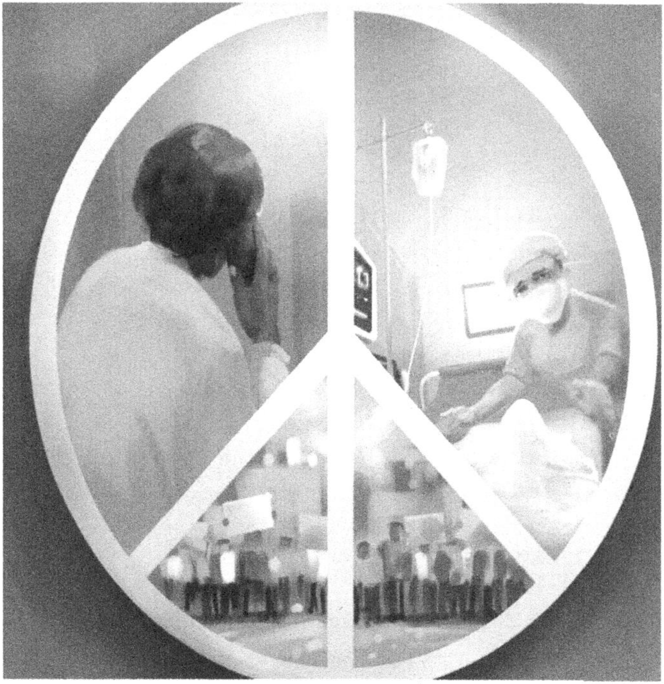

Theresa Marrama

This is a work of fiction. Names, characters, places and incidents either are the producto of the author's imagination or are used fictitously. Any resemblance to actual persons, living or dead, events, or locales is entirely coincidental.

Copyright © 2020 Theresa Marrama
Interior art and cover art by Roy Summit

All rights reserved.
No part of this publication may be reproduced, stored in a retrieval system, or transmitted, in any form or by any means (electronic, mechanical, photocopying, recording or otherwise), without prior written permission from Theresa Marrama.

ISBN 13 : 978-1-7350278-4-5

Ce n'est pas la distance qui sépare les gens, c'est le silence.

-unknown

TABLE DES MATIÈRES

Chapitre 1 1

Chapitre 2 7

Chapitre 3 13

Chapitre 4 18

Chapitre 5 26

Chapitre 6 33

Chapitre 7 38

Chapitre 8 42

Chapitre 9 46

Epilogue 52

Glossaire 54

ACKNOWLEDGMENTS

A big **MERCI BEAUCOUP** to the following people: Françoise Piron, Jennifer Degenhardt, Lori Turnage, Wendy Pennett, Melynda Atkins, Cécile Lainé along with her copyediting class, and Anny Ewing. Not only did all of you provide great feedback but you were always there to look over my work whenever asked.

Chapitre 1

Où suis-je ?

Vendredi 12 juin, 21h
Baie

J'ouvre lentement les yeux. Où suis-je ? Je ne comprends pas. Je ne peux pas bien voir. Tout est **flou**[1], très flou. Je vois une lumière, une lumière brillante. J'entends une voix qui dit :

— Regarde, elle ouvre les yeux ! Ses yeux s'ouvrent ! Elle se réveille !

---

[1]**flou** - blurry

Il y a un silence. Je ne comprends pas. Je regarde partout dans la chambre. **J'essaie** [2] de comprendre. J'essaie de bouger, mais je ne peux pas. Enfin, une autre voix dit :

— Appelle le docteur ! MAINTENANT !

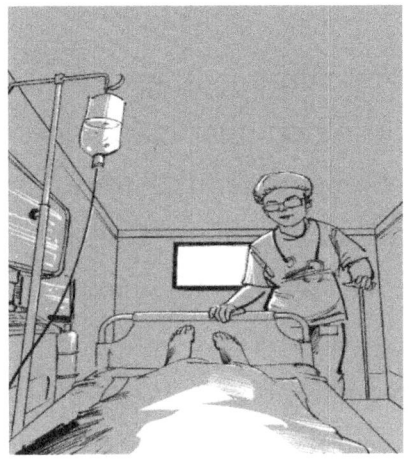

---
[2] **j'essaie -** I am trying

À ce moment-là, je comprends. L'hôpital. Je suis à l'hôpital. Fatiguée. Non, je ne suis pas fatiguée, je suis **épuisée**[3]. Je suis très épuisée. Mais… pourquoi ? Pourquoi est-ce que je suis à l'hôpital ?

Quelques minutes passent et un homme s'approche de mon lit. Je pense que c'est le docteur mais je ne le vois pas très bien. La lumière est trop brillante. Tout est flou. Il me dit :

— Vous vous êtes réveillée. Vous avez de la chance. Vous avez **eu**[4] un

---

[3] **épuisée -** exhausted
[4] **eu -** had

accident. Vous devez vous **reposer**[5]. Votre **corps**[6] a besoin de se reposer.

Un accident ? Je ne comprends pas... Où ? Comment ? Mais, je ne me souviens de rien. Non, je veux bouger. Je veux comprendre.

— Ac... ciiii... deennt, j'essaie de dire lentement.

— Oh, non, désolé... N'essayez pas de parler. Vous devez vous reposer, dit le docteur.

Je le regarde.

---
[5] **reposer -** to rest
[6] **corps -** body

— Vous avez eu un accident. Vous devez vous reposer. Il y a beaucoup de très bons docteurs à l'hôpital, beaucoup d'excellents infirmiers. En plus, on cherche votre famille. Je sais que c'est difficile, mais **dès qu'on aura trouvé votre famille[7], on vous le dira[8].**

Je ne dis rien. Beaucoup de questions… J'ai beaucoup de questions. Le docteur me dit doucement :

---

[7] **dès qu'on aura trouvé votre famille -** as soon as we find your family
[8] **on vous le dira -** we will tell you

— Reposez-vous. Je peux **éteindre**[9] la lumière, je suis sûr qu'elle est trop brillante pour vous.

Je regarde le docteur quand il sort de ma chambre. Je veux lui crier « JE NE COMPRENDS PAS ! » mais je sais que ce n'est pas possible. Je suis perplexe. Je ne veux pas me reposer ! Mais je suis fatiguée. Non, je suis épuisée. Pourquoi suis-je là ? Je veux seulement comprendre !

---

[9] **éteindre** - turn off

Chapitre 2

Où est-elle ?

Samedi 13 juin, 8h00 du matin
Lucille

Aujourd'hui, c'est samedi. Hier, elle est partie de la maison à 15h00. Elle n'est pas partie de la maison en marchant. Elle a couru. Je ne comprends pas exactement pourquoi elle est partie de la maison en courant comme ça, mais je pense que c'était à cause de notre dispute.

Nous nous disputons souvent. C'est normal entre mère et fille adolescente. Elle n'habite pas à la maison avec moi. Elle habite à l'université. Mais elle ne part jamais comme ça, **en coup de vent**.[10] Où est-elle ? Je ne comprends pas. Pourquoi est-ce qu'elle ne m'a pas téléphoné ? Je ne comprends rien à cette situation. C'est bizarre. **Je m'inquiète**[11]. Je suis plus inquiète que jamais.

Je prends mon portable. Je lui téléphone. Encore… et encore… Son portable sonne et sonne, mais elle ne répond pas. J'entends sa voix. Mais ce

---

[10] **en coup de vent -** in a rush, in a flash
[11] **Je m'inquiète -** I am worried

n'est pas elle, c'est juste sa **boîte vocale**[12].

Je mets mon portable sur la table. Je ne sais pas quoi faire. Est-ce que je pars à sa recherche ? Mais où est-ce que je la cherche ? Est-ce que je contacte la police ? Qu'est-ce que je vais dire à la police ? Oui, nous nous sommes disputées et après, elle est partie de la maison en coup de vent. Je ne sais pas par où commencer. Je ne comprends rien.

Toutes sortes de pensées me passent par la tête. Je commence à paniquer quand tout à coup, mon

---

[12] **boîte vocale** - voicemail

portable sonne et interrompt mes pensées. Je réponds immédiatement.

— Allô. Baie ? C'est toi ? Oh... Salut... Julien. Non. Elle n'est pas là. Hier, elle est partie de la maison...

Je raconte toute l'histoire à Julien, mon partenaire. Je lui raconte que Baie est partie de la maison en coup de vent. Il m'écoute. Je lui raconte que Baie n'a pas téléphoné. Il m'écoute attentivement. Finalement, quand j'ai fini, il me dit :

— Lucille, je suis désolé. C'est une situation difficile pour toi. Je suis sûr que tu es inquiète, mais il est important de rester calme.

Je sais qu'**il a raison**[13]. Je le sais. Mais ça ne change rien. Je suis inquiète. Julien continue :

— Lucille, si je peux faire quelque chose pour toi, téléphone-moi. Je viens chez toi immédiatement après le travail ce matin. Je t'aime.

Après notre conversation, je décide de téléphoner à quelques amis de Baie. Je passe beaucoup de temps sur mon portable. Je parle à trois bonnes amies de Baie, mais pas de chance. Ses amies n'ont pas parlé à Baie.

---

[13] **il a raison -** he is right

Chapitre 3
La visite d'une policière

Samedi 13 juin, 10h00 du matin
Baie

Une voix demande :

— Vous m'entendez ?

À ce moment-là, j'ouvre les yeux. Je vois une femme devant moi. Elle porte un uniforme. C'est une policière. J'essaie de parler, mais je n'arrive pas bien à parler.

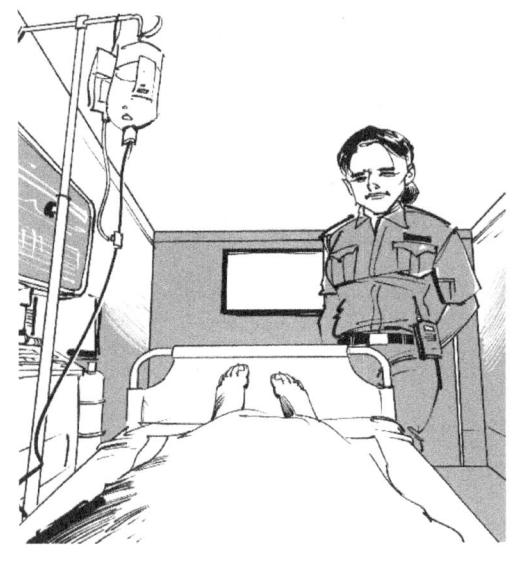

— Accident… accident… je murmure lentement.

Je commence à pleurer. Je ne sais pas pourquoi. Est-ce que c'est parce que je ne me souviens de rien ? Est-ce que c'est parce que je ne comprends pas pourquoi je suis à l'hôpital ou parce que je n'arrive pas bien à parler ? Je ne sais pas pourquoi. Tout est trop difficile pour moi en ce moment.

— Docteur... qu'est-ce qui se passe ? Elle ne peut pas bien parler ? demande la policière devant mon lit.

Le docteur me regarde pendant un moment, mais il ne répond pas. Le docteur ne dit rien pendant une minute. Enfin, il dit **doucement**[14] à la policière :

---

[14] **doucement -** softly

— On peut se parler dans le couloir ?

Le docteur sort de la chambre avec la policière. Je ne sais pas de quoi ils parlent. Je suis sûre qu'ils parlent de moi.

Plus tard, l'infirmière arrive. Elle s'approche de mon lit et dit :

— C'est l'heure de prendre vos médicaments.

Je lui prends la main. Je la regarde et elle me regarde. Je **sens une larme couler sur ma joue**[15].

Je vois que l'infirmière hésite un instant, mais elle sourit. Elle dit :

— Tout va bien. Nous allons trouver votre famille. Maintenant, vous devez vous reposer.

Je ferme les yeux.

---

[15] **sens une larme couler sur ma joue -** feel a tear roll down my cheek

Chapitre 4

Une surprise à la télé

Samedi le 13 juin, 11h00 du matin
Lucille

À la maison aujourd'hui, le temps passe très lentement. Je n'ai pas faim. Je ne veux rien faire. Tout ce que je peux faire, c'est penser à Baie. Je pense aux événements récents. Je vais aller au poste de police si elle ne me téléphone pas aujourd'hui.

À ce moment-là, on frappe à la porte. Je vais à la porte et l'ouvre rapidement. J'espère que c'est Baie.

— Salut, Lucille. Comment ça va ?

C'est Julien qui est à la porte. Je l'embrasse immédiatement. Après, nous allons dans la cuisine.

Julien s'assied avec moi à la table de la cuisine. La télé est allumée mais nous ne la regardons pas.

— Tu as parlé à Baie ? dit Julien.

— Non...

— Regarde la télé ! Il y a un grand problème dans les rues. Il y a une énorme manifestation contre les injustices dans la ville. Les **manifestants**[16] sont partout, explique Julien.

J'hésite à lui répondre. Je continue à regarder la télé, perplexe, et réponds :

— Oui, c'est ridicule, ces manifestations. Tenir des **panneaux**[17] et marcher dans la rue comme ça,

---

[16] **manifestants -** protesters
[17] **panneaux -** signs

c'est une perte de temps[18]. Ça ne change rien.

— Je ne sais pas. Je pense que c'est important de ne pas rester silencieux. C'est important d'avoir une opinion, répond Julien.

Je ne veux pas parler des manifestations. C'est une discussion que j'ai tout le temps avec Baie — une discussion qui cause toujours une dispute parce que nous ne sommes pas d'accord.

---

[18] **c'est une perte de temps** - it's a waste of time

— Julien, si je ne trouve pas Baie, je vais aller au poste de police aujourd'hui.

Il me regarde.

— Oui, je pense que je **ferais**[19] la même chose.

Julien me regarde attentivement. Il me prend la main et dit :

— Qu'est-ce que je peux faire pour t'aider ?

---

[19] **ferais -** would do

— Je ne sais pas. Je veux seulement retrouver ma chère Baie, explique-je.

— Oui, je sais. Moi aussi. Où est-ce qu'on peut commencer à la chercher ?

— Je ne sais pas.

— Comment ça, tu ne sais pas ?

— Je ne sais pas où commencer à la chercher. Baie ne me parle pas beaucoup de sa vie les dernières semaines. Nous nous disputons beaucoup. Nous ne sommes pas souvent d'accord depuis qu'elle est allée à l'université.

À ce moment-là, je commence à pleurer. C'est la première fois que je pleure depuis que Baie est partie. Julien me prend dans ses bras et je continue à pleurer.

Chapitre 5

Je me souviens

Samedi 13 juin, dans l'après-midi
Baie

Il y a un bruit. J'ouvre les yeux. Je ne vois personne. Je regarde partout, mais il n'y a personne.

Je vois la télé. Je la regarde pendant un moment. À la télé, il y a une jeune femme qui parle. J'écoute. Je me concentre. La femme dit :

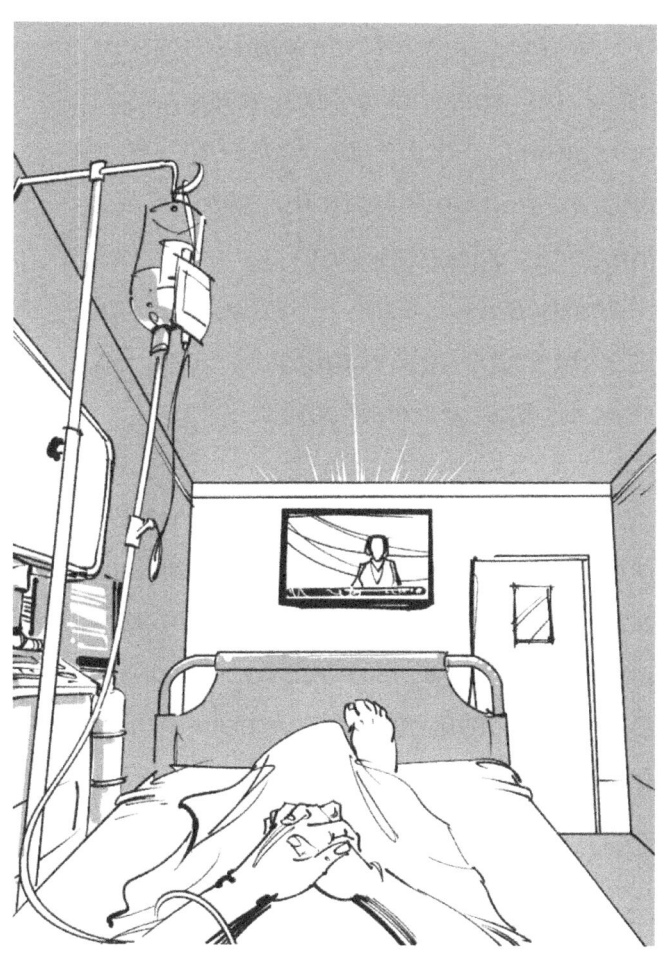

« Il y a une grande manifestation dans les rues. Il y a beaucoup de personnes qui participent aux énormes manifestations contre les injustices récentes dans la ville. Les manifestants sont partout. Les manifestants ont manifesté dans les rues les trois derniers jours.

*D'autre part, on cherche l'identité d'une jeune femme qui a eu un accident de voiture non loin des manifestations. Elle est à l'hôpital. Quand la police aura découvert son identité, sa famille **sera**[20] contactée. »*

---

[20] **sera** - will be

J'ouvre grands les yeux. C'est moi ! C'est moi à la télé. C'est moi qui conduisais la voiture !

À ce moment-là, je me souviens. Je me souviens de tout ! Je suis partie de ma maison en coup de vent. Je suis allée à l'énorme manifestation en ville. J'ai manifesté. J'ai manifesté contre toutes les injustices récentes dans la ville. Il y avait des manifestants partout. Il y avait beaucoup de bruit. J'avais mal à la tête et j'ai décidé de partir.

Je suis retournée à ma voiture. Pendant que je conduisais, je pensais à ma mère. Je pensais à notre dispute quand une autre voiture **m'a coupé la route**[21]. Je **n'ai pas pu**[22] m'arrêter…

Maintenant, je pense à ma mère. Je continue à regarder la télé. Je pense à l'autre jour quand nous nous sommes encore disputées…

— *Baie, je ne comprends pas pourquoi tu veux manifester. Ces injustices sont d'énormes problèmes et manifester ne change rien ni modifie l'opinion des autres.*

— *C'est incroyable que tu penses ça ! L'injustice n'est pas une opinion,*

---

[21] **m'a coupé la route -** cut in front of me
[22] **n'ai pas pu -** couldn't

c'est un CRIME ! Nous devons nous comprendre et nous respecter, j'ai dit.

— Baie, c'est trop dangereux pour toi de manifester dans les rues. Ce n'est pas une bonne idée. C'est très dangereux… et quelquefois, très violent.

— L'injustice cause la violence ! Les manifestants veulent éliminer l'injustice ET la violence !

À ce moment-là, je vois l'infirmière entrer dans ma chambre. Je la regarde et je pense :

*Ma mère ne sait pas que je suis à l'hôpital. Elle ne sait pas que j'ai eu un accident. Je dois lui parler. Je dois la voir. Je dois lui **faire mes excuses**[23].*

Je suis obsédée par la dernière conversation avec ma mère. Ce n'était pas une conversation… C'était une dispute.

Pleine d'émotion et de regrets, je commence à pleurer.

---

[23] **faire mes excuses** - to apologize

Chapitre 6
Ce n'est pas possible !

Samedi 13 juin, 1h00 dans l'après-midi
Lucille

Je continue à pleurer. Soudain, Julien crie :

— Comme c'est bizarre ! Est-ce que c'est BAIE ? Julien se lève rapidement. Il va vers la télé. Il dit : Lucille, regarde ! Est-ce que c'est Baie ?

Je regarde la télé. Je regarde la silhouette que Julien me montre à la télé. Je vois une personne dans la rue avec les manifestants.

— Lucille, Est-ce que c'est Baie ? demande Julien encore une fois.

Je continue à regarder la télé sans écouter Julien. Je pense à l'autre jour quand je me suis disputée avec Baie...

— *Baie, ces injustices sont d'énormes problèmes et manifester ne change rien ni modifie l'opinion des autres.*

— *L'injustice n'est pas une opinion, c'est un CRIME ! Nous devons nous comprendre et nous respecter !*

— *Baie, c'est trop dangereux pour toi de manifester dans les rues... et quelquefois, très violent.*

— *L'injustice cause la violence ! Les manifestants veulent éliminer l'injustice ET la violence !*

À ce moment-là, j'entends une voix qui dit :

— Lucille, tu m'entends ? La fille à la télé ressemble à Baie, n'est-ce pas ?

J'observe la télé incrédule. Ce n'est pas possible !

— Oui, c'est Baie ! Je suis sûre que c'est elle ! dit Lucille.

Je regarde Julien en silence. À ce moment-là, j'entends un bruit. C'est mon portable...

Chapitre 7

C'est moi !

Samedi 13 juin, 18h
Baie

— Ne pleurez pas ! dit l'infirmière qui est à côté de mon lit.

Je veux crier, mais je ne peux pas. Je me calme et je murmure de toutes mes forces :

— C'était moi, la télé… à la télé… Baie… Baie Thomas. C'était moi. »

À ce moment-là, l'infirmière regarde la télé à côté de mon lit. Elle continue à me regarder et je sens que je vais pleurer. Elle me touche la main et me dit :

— Baie Thomas.

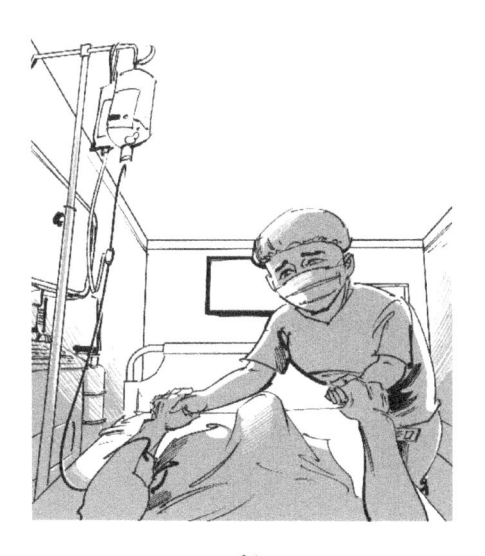

Je la regarde, je veux crier mon nom, mais je ne peux pas : je suis trop épuisée.

Quelques minutes plus tard, un homme arrive et me demande

« Vous vous appelez Baie ? Baie Thomas ? » Je ne réponds pas. Je n'en ai pas la force. Mais, je bouge un peu la tête pour lui faire comprendre. L'homme me prend le bras et m'assure qu'il va trouver ma famille.

Je ne réponds pas, mais je souris. Je sais que je me dispute souvent avec ma mère. Je sais que **nous ne sommes**

pas toujours d'accord[24]. Mais, la seule personne que je veux voir maintenant, c'est ma mère. Elle est ma famille. Elle est tout ce que j'ai au monde.

---

[24] **nous ne sommes pas toujours d'accord -** we don't always agree

Chapitre 8

Un coup de téléphone

Samedi 13 juin, 21h15
Lucille

Je prends mon portable. Je réponds :

— *Allô. Oui, c'est moi, Madame Thomas... Oui. Un accident ? Où ça ? Elle est à l'hôpital ? Oh mon Dieu ! Oui, j'arrive. J'arrive* **tout de suite**[25] *!*

---

[25] **tout de suite -** right away

Je regarde Julien. Il voit que j'ai peur. Il prend les clés et nous courons vers la voiture.

Dans la voiture, on ne parle pas. Je m'inquiète. Je ne sais pas **à quoi m'attendre**[26]. Je suis heureuse que Julien ne parle pas. Je ne veux pas parler pour le moment. Je regarde mon portable et je vois une photo de Baie. Ça me calme un peu. À ce moment-là, je me promets de ne plus jamais me disputer avec elle sur nos différences d'opinions. Nous sommes différentes, oui, mais c'est ma fille. Elle fait partie de moi, mais c'est une

---

[26] **à quoi m'attendre -** what to expect

personne **à part entière**[27] qui a ses propres opinions.

Je regarde Julien. Il me touche la main et dit :

— Baie va être contente de te voir, tu sais.

— Oui... peut-être. Je ne veux pas perdre ma fille. Je ne veux pas continuer à me disputer avec elle. Peut-être que c'est mieux si je reste silencieuse... si je ne dis rien.

— Non, ce n'est pas mieux si tu restes silencieuse. Tu dois lui parler.

---

[27] **à part entière** - complete, whole

Le silence est dangereux. Le silence sépare les gens. Il faut que tu parles avec Baie. Il faut aussi que tu l'écoutes. Il faut aussi que tu essaies de la comprendre.

Je ne réponds pas. Je sais qu'il a raison.

Chapitre 9

Un moment important

Samedi 13 juin, 22h
Lucille

Nous arrivons à l'hôpital à 22h00 du soir. Il fait noir et il y a beaucoup de monde dans les rues à cause des manifestations. J'ai un peu peur et je suis un peu inquiète. Nous entrons dans l'hôpital et je vois une femme derrière le bureau, à la réception. J'explique que je suis là pour voir Baie. Elle sourit. « Oui, Baie est dans la chambre numéro 221. »

Nous arrivons à la chambre numéro 221. J'entre lentement et je vois Baie.

Je me sens très triste. Je m'approche de son lit. Je la regarde et elle me regarde avec une expression triste. Baie murmure « Maman ». On commence toutes les deux à pleurer.

Je lui prends la main et dit doucement :

— Baie ! Tu es vivante ! J'ai eu si peur ! Je suis désolée, très désolée.

On continue de pleurer main dans la main. Je suis heureuse que

Baie ne parle pas. Je ne veux pas parler pour le moment. Je la regarde dans les yeux. Ça me calme. Je touche le **front**[28] de Baie et elle me sourit.

— Ne t'inquiète pas, Baie. Le docteur dit que tu vas mieux. **Tu iras bien**[29].

Baie me regarde et je pense à toutes nos disputes. Je n'ai jamais vraiment écouté tout ce qu'elle m'a dit. Je comprends maintenant. Je commence à dire :

---

[28] **front -** forehead
[29] **tu iras bien -** You will be fine

— Baie, je vais être plus patiente...

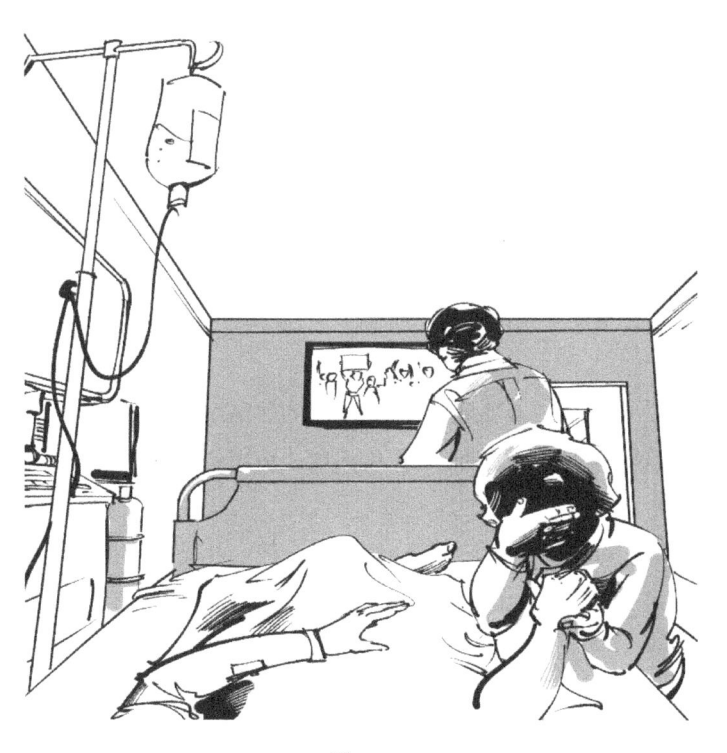

À ce moment-là, Julien entre la chambre et il dit :

— Regardez la télé !

Je regarde la télé. Je vois Baie dans la rue avec beaucoup d'autres manifestants. Elle semble fière d'elle-même. Elle semble sûre d'elle. Elle est dans la rue avec **un panneau en carton**[30] qui dit :

Ce n'est pas la distance qui sépare les gens, c'est le silence.

Je regarde Baie. Je l'admire beaucoup. Je suis fière d'elle. À ce

---

[30] **un panneau en carton** - a cardboard sign

moment-là, je me sens mieux. Je me sens optimiste et j'ai l'espoir que nous allons avoir un rapport plus fort que jamais. Baie, c'est la personne la plus importante dans ma vie.

Épilogue

Deux mois plus tard
Baie

Après mon accident, ma mère et moi avons un rapport plus fort que jamais. Nous ne nous disputons plus. Je me sens mieux et je suis plus forte.

Je comprends plus. Je comprends que ma mère et moi n'allons pas toujours être d'accord. Je comprends que c'est normal d'avoir une opinion différent d'une autre. Mais plus que tout, je comprends que mon opinion est importante. Quand je peux exprimer mon opinion contre les injustices, je vais faire ça. Je vais continuer à faire ça. Il n'y a rien de plus dangereux que le silence.

Glossaire

A

a - has
accident - accident
(l')admire - admire (her)
ai - have
aider - to help
(t')aime - love (you)
allée - went
aller - to go
allô - hello
allons - are going, go
allumée - turned on
amies - friends
amis - friends

(vous vous) appelez - (your) name is
appelle - call
m'approche de - approach
s'approche de - approaches
après - after
après-midi - afternoon
arrive - arrives, arrive
n'arrive pas - can't
arrivons - arrive
as - have
(m')assure - assures (me)
attendre - to wait
attentivement - attentively
au - to the, at the
aujourd'hui - today
aura - will have
aussi - also
autre(s) - other(s)

d'autre part - on the other hand
d'autres - other
au - at the, in the
aux - about the; in the
avais - had
avait - had
avec - with
avez - have
avoir - to have

B

beaucoup - a lot
besoin - need
bien - well
bizarre - strange
bonne(s) - good
bons - good

bouge - move
bouger - to move
bras - arm
brillante - bright
bruit - noise
bureau - desk

C

calme - calm
cause - causes
(à) cause (de) - because of
ce - this; that
ces - these
c'est - it is; she is
cette - this
chambre - bedroom
chance - luck

change - changes
cherche - look for
chercher - to look for
chez - at the house of
chose - thing
clés - keys
comme - like
commence - start
commencer - to start
comment - how
comprendre - to understand
comprends - understand
(me) concentre - concentrate
contacte - contact
contactée - contacted
contente - happy
continue - continues, continue
continuer - to continue

contre - against
conversation - conversation
couloir - hallway
coup de téléphone - phone call
en coup de vent - in a rush
courant - running
courons - run
couru - ran
crie - yells
crier - to yell
crime - crime
cuisine - kitchen

D

d'accord - ok
dangereux - dangerous

dans - in
de - of; from
décide - decide
décidé - decided
découvert - discovered
demande - asks
depuis - since
dernière(s) - last
derniers - last
derrière - behind
des - some, of
désolé(e) - sorry
dés que - as soon as
devant - in front of
devez - have to
devons - have to
Dieu - God

différences - differences
différentes - different
difficile - difficult
dira - will say
dire - to say
dis - say
discussion - discussion
dispute(s) - argument(s)
disputée(s) - argued
(me) disputer - argue
(nous nous) disputons - (we) argue
distance - distance
dit - says
dit - said
docteur(s) - doctor(s)
dois - have to
doucement - softly
du matin - in the morning

du soir - in the evening; at night

E

écoute - listen
(l')écoutes - listen (to her)
(m') - listens (to me)
écouter - to listen
écoutes - listen
écouté - listened
elle - she
(l')embrasse - hug (her)
émotion - emotion
en - in, while
  en ce moment - in this moment
  en coup de vent - in a rush
  en plus - in addition
encore - still; again

encore une fois - again
enfin - finally
énorme(s) - enormous
entendez - hear
entends - hear
entière - full
entre - enter, enters
entrer - to enter
entrons - enter
es - are
espère - hope
espoir - hope
essaies - try
est - is
est-ce que - is it that
et - and
était - was

être - to be
eu - had
événements - events
exactement - exactly
excellents - excellent
excuses - apologies
explique - explain, explains
expression - expression

f

faim - hunger
faire - to do; to make
   faire des excuses - say sorry
famille - family
fatiguée - tired
femme - woman
ferme - close
fille - girl

finalement - finally
fini - finished
fois - time
force(s) - strength
fort - strong
frappe - knocks

G

gens - people
grand(s) - big
grande - big

H

hésite - hesitates
heure - time
heureuse - happy

hier - yesterday
histoire - story
homme - man
hôpital - hospital

I

idée - idea
identité - identity
il - he
ils - they
il y a - there is, there are
immédiatement - immediately
important(e) - important
incroyable - incredible
infirmière - nurse
infirmiers - nurses
injustice(s) - injustice(s)

inquiète - worried
instant - instant
interrompt - interrupts

J

j' - I
jamais - never
je - I
jeune - young
jour(s) - day(s)
juin - June
juste - fair

l

l' - the, her, it
la - the; her

là - there
l'après-midi - the afternoon
le - the; it; him
lentement - slowly
les - the
(se) lève - stands up
lit - bed
lui - to him; to her
lumière - light

M

m' - me, to me
ma - my
madame - madam
main(s) - hand(s)
maintenant - now
mais - but

maison - house
maman - mom
manifestants - protestors
manifestation(s) - protest(s)
manifesté - protested
manifester - to protest
m'approche - approach
marchant - walking
marcher - to walk
m'arreter - stop myself
m'assure - assures me
matin - morning
me - me, to me
m'écoute - listens to me
médicaments - medicine
m'entends - hear me
m'entendez - listening to me
mes - my

mets - put
mieux - better
minute(s) - minute(s)
modifie - to modifies
moi - me
mois - months
moment - moment
  à ce moment-là - at that moment
mon - my
monde - world
montre - shows
murmure - whisper

N

n'... jamais - never
ne... jamais - never

n'... pas - not
ne... pas - not
ne... personne - anyone
ne... rien - nothing
n'est-ce pas ? - right?
nom - name
non - no
normal - normal
nos - our
notre - our
nous - we
numéro - number

O

obsédée - obsessed
observe - observe
on - we; someone

ont - have
opinion(s) - opinion(s)
optimiste - optimist
ou - or
où - where
oui - yes
ouvre - open, opens
ouvrent - open

P

paniquer - to panic
par - by
parce que - because
parle - talk, talks
parlé - spoke
parlent - talk
parler - to talk

parles - talk
pars - leave
part - leaves
participent - participate
partie - left
partir - to leave
partenaire - partner
partout - everywhere
pas - not
passe - spend; passes
passent - pass
passent par - go through
patiente - patient
pendant - during
pense - think, thinks
pensées - thoughts
penser - to think
penses - think

perdre - to lose
perplexe - confused
personne - person; no one
personnes - people
peu - a little
peur - fear
peut - can
peux - can
photo - photo
pleine - full
pleure - cry
pleurer - to cry
pleurez - cry
plus - more
plus tard - later
police - police
policière - police officer
portable - cellphone

porte - door
possible - possible
poste de police - police station
pour - for
pourquoi - why
première - first
prend - takes
prendre - to take
prends - take
problème(s) - problem(s)
promets - promise
propres - own

Q

qu'- that
quand - when
que - that; than

quelque(s) - some
quelquefois - sometimes
qu'est-ce que - what
questions - questions
qui - who
quoi - what

R

raconte - tell
rapidement - quickly
rapport - relationship
récents - recent
réception - reception
recherche - look for
regarde - look at, looks at
regarder - to look at
regardez - look at

regardons - look at
regrets - regrets
répond - responds
répondre - to respond
réponds - respond
reposer - to rest
reposez - rest
respecter - to respect
ressemble - ressembles, looks like
reste - stay
rester - to stay
restes - stay
retournée - returned
retrouver - to find again
réveille - wake up
réveillée - woke up
ridicule - rediculous

rien - nothing
rue(s) - street(s)

S

sa - her
sais - know
sait - knows
salut - hi
samedi - Saturday
sans - without
s'approche - approaches
s'assied - sits down
se - himself; herself
se lève - stands up
semaines - weeks
semble - seems
sépare - separates

se parler - talk
se passe - is happening
se reposer - to rest
ses - her; his
seule - only
seulement - only
si - if
silence - silence
silencieuse - silent
silencieux - silent
silhouette - silhouette
situation - situation
soir - evening
sommes - are
son - her
sonne - rings
sont - are
sort - goes out

sortes - sorts
soudain - suddenly
souris - smile
sourit - smiles
souvent - often
(me) souviens - remember
s'ouvrent - are opening
suis - am
sur - on
surprise - surprised

T

t' - you, to you
table - table
tard - late
te - you, to you

télé - TV
téléphone - call; telephone
téléphoné - called
téléphoner - to call
temps - time
tenir - to hold
tes - your
toi - you
touche - touches
toujours - always
tout - all, everything
tout à coup - all of a sudden
tout de suite - right away
tout le temps - all the time
toute - all
toutes - all
toutes les deux - both
très - very

travail - work
triste - sad
trois - three
trop - too
trouve - find
trouver - to find
trouvé - found
tu - you

U

un - a, an
une - a, an
uniforme - uniform
université - college, university

V

va - goes
vais - go
vendredi - Friday
vers - towards
veux - want
vie - life
viens - am coming
ville - city
violence - violence
violent - violent
visite - visit
vivante - alive
voir - to see
vois - see
voit - sees
voiture - car

voix - voice

vos - your

votre - your

vous - you

vraiment - really

vu - saw

Y

il y a - there is, there are

yeux - eyes

ABOUT THE AUTHOR

Theresa Marrama is a French teacher in Northern New York. She has been teaching French to middle and high school students since 2007. She is the author of many language learner novels and has also translated a variety of Spanish comprehensible readers into French. She enjoys teaching with Comprehensible Input and writing comprehensible stories for language learners.

Theresa Marrama's books include:

Une Obsession dangereuse, which can be purchased at www.fluencymatters.com

Her German books on Amazon include:

Leona und Anna
Geräusche im Wald
Der Brief
Nachts im Wald
Die Stutzen von Tito

Her French books on Amazon include:

Une disparition mystérieuse
L'île au trésor:
Première partie: La malédiction de l'île Oak
L'île au trésor:
Deuxième partie: La découverte d'un secret
La lettre
Léo et Anton
La maison du 13 rue Verdon
Mystère au Louvre
Perdue dans les catacombes
Les chaussettes de Tito

Her Spanish books on Amazon include:

La ofrenda de Sofía
Una desaparición misteriosa
Luis y Antonio
La carta
La casa en la calle Verdón
La isla del tesoro: Primera parte: La maldición de la isla Oak
La isla del tesoro: Segunda parte: El descubrimiento de un secreto
Misterio en el museo
Los calcetines de Naby

Check out Theresa's website for more resources and materials to accompany her books:

www.compelllinglanguagecorner.com

Made in the USA
Monee, IL
11 November 2020